Anke Rüsbüldt

Mauke

Vorbeugen – Erkennen – Behandeln

CADMOS
PFERDEBÜCHER

Inhalt

Der Verlag macht darauf aufmerksam, dass alle in diesem Buch beschriebenen Behandlungen unter Aufsicht eines Tierarztes durchgeführt werden sollten und lehnt jegliche Haftung ab.

Impressum

Gestaltung und Satz: Ravenstein, Verden
Titelfotos: Schmelzer, Slawik
Zeichnungen: Susanne Retsch-Amschler
Druck: Westermann Druck, Zwickau

Printed in Germany.

ISBN 3-86127-263-6

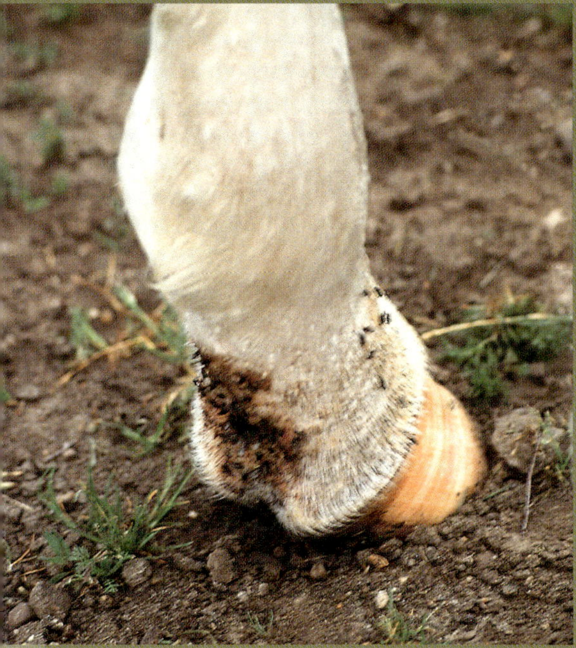

Hier sehen Sie deutliche Maukeveränderungen.
Foto: H. Ende

Jede Behandlung ist aufwändiger und unangenehmer als rechtzeitiges Vorbeugen. Foto: C. Slawik

Was ist Mauke?

Mauke ist die Bezeichnung für Hauterkrankungen im Bereich der Fesselbeuge. Dieser Begriff ist eine umgangssprachliche Bezeichnung, kein medizinischer Fachbegriff. Er fasst sämtliche Hautirritationen mit Ausnahme von Verletzungen in der Fesselbeuge zusammen. Mauke-Erkrankungen entstehen auf Grund verschiedenster Ursachen. Mauke ist eine Faktorenkrankheit, was bedeutet, dass mehrere Ursachen oder begünstigende Faktoren gemeinsam zum Krankheitsbild führen. Viele verschiedene Behandlungen, komplexe Therapiekonzepte und Zaubersüppchenrezepte werden empfohlen und angewandt. In jedem Fall ist die Erkrankung für Pferd und Pferdefreund ärgerlich und langwierig in der Heilung. In einigen Fällen kann Mauke stark schmerzhaft sein. Zum Teil führt eine Mauke-Erkrankung zu Lahmheit, Leistungseinbußen oder Leistungsunfähigkeit. In seltenen Fällen entsteht ein unheilbarer und für das Pferd unerträglicher Zustand.

Medizinisch betrachtet ist Mauke die Bezeichnung für alle Dermatitiden (Hauterkrankungen) am Unterbein. Dies können feuchte oder trockene Ekzeme sein, bakterielle Erkrankungen, Pilzinfektionen, Milbenbefall, Entzündungen infolge von Verletzungen, allergische Ekzeme oder Symptome einer inneren Erkrankung oder einer Ausleitungsstörung. Die Erkrankung kann nur die oberste Hautschicht (Epidermis) betreffen oder sich auf die gesamte Haut und die Unterhaut ausdehnen. Zum Teil

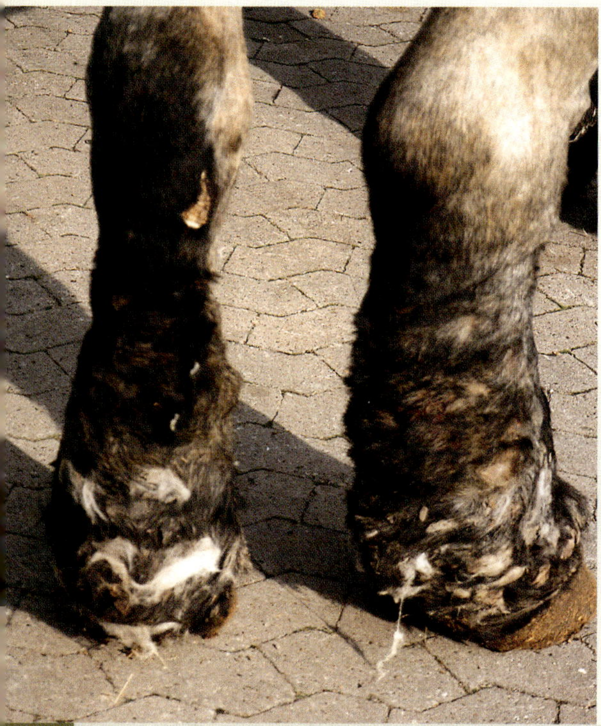

Wann tritt Mauke auf?

Mauke kommt häufig in den Wintermonaten vor. Bei Pferden mit starkem Behang (Friesen, Tinker, Kaltblüter) ist sie oft schwerer zu erkennen und schlechter zu behandeln. Es scheint, als ob Pferde mit viel Behang stärker zu Mauke neigen.

Auch an weißen Beinen kommt Mauke eher vor als an dunklen. So kann es sein, dass ein Pferd mit drei weißen Beinen an diesen Mauke hat, während das vierte Bein ganz gesund ist. Wie bei fast allen Hauterkrankungen sind Füchse empfindlicher als Pferde anderer Farben.

Mauke ist nicht ansteckend. Wenn ein hautgesundes, nicht anfälliges Pferd mit anderen an Mauke erkrankten Pferden einen Paddock teilt, geht hiervon keine Gefahr aus.

Bei diesem Pferd ist ein unheilbarer Zustand entstanden. Foto: H. Ende

Dieses Pferd ist ein typischer Maukekandidat: Weiße Beine, viel Behang und Winter ist es auch noch. Foto: C. Slawik.

entstehen infolge einer Mauke Phlegmonen, das sind Entzündungen der Unterhaut, die in der Reitersprache Einschuss genannt werden. Es können durch eine Mauke-Erkrankung auch vordringende Entzündungen entstehen, die die Blut und Lymphgefäße angreifen. Ebenso kann eine Saumbandentzündung entstehen, die wiederum Auswirkungen auf die Hornbildung für den Huf hat. Im späten Krankheitsstadium kann vor allem bei Kaltblütern die so genannte Warzenmauke entstehen. Sie ist, wenn überhaupt, nur mit einer Operation heilbar.

Mauke ist jedenfalls alles andere als „nur eine kleine Stelle".

So ein schlammiger Untergrund kann die Entstehung von Mauke begünstigen. Foto: C. Slawik

Als Ursache kommt eine Reihe von Faktoren in Frage, die im Folgenden vorgestellt werden. Zu bedenken ist, dass Pferde offensichtlich unterschiedlich anfällig dafür sind, an Mauke zu erkranken. Möglicherweise besteht eine erbliche Veranlagung, die eine Erkrankung begünstigt. Auch die momentane gesundheitliche Verfassung kann eine große Rolle spielen. Ein gesundes Pferd mit intaktem Immunsystem kann sich besser wehren als ein immunschwaches Pferd. Immunschwach können Pferde zum Beispiel durch Allgemeinerkrankungen, Haltungsmängel, Defizite in der Fütterung oder Stress werden.

Die Naturheilkunde geht davon aus, dass jede Hautirritation ein Anzeichen für bestehende Disharmonien oder gekoppelt an psychische Probleme ist. Das erscheint weit hergeholt, zufriedene Pferde aber erholen sich tatsächlich schneller.

Fehlerhafte Fütterung kann Mauke offenbar ebenfalls begünstigen. Früher war aus der Brauereipferdehaltung der Begriff „Schlempemauke" gebräuchlich. Hier bestand ein direkter Zusammenhang zwischen dem Füttern von Schlempe und dem Auftreten der Mauke.

Direkte Auslöser sind Haltungsmängel und Fehler in der Hygiene. Das kann ein ungepflegter Paddock sein, eine selten ausgemistete Box, aber auch reizende Einstreu. Als unmittelbare Reize können auch Industrieverunreinigung von Böden und Einstreu, Antifrost-Chemikalien, Streusalz oder Salz im Hallenboden, reizende Hölzer oder ätherische Öle im Paddockboden, Kunststofffasern verschiedener Bodenbeläge und sogar pieksendes Stroh verantwortlich sein. Ob diese Reizstoffe über einen direkten Reiz irritieren oder über eine allergische Reaktion, ist unterschiedlich, beides ist möglich.

Ist die Haut erst einmal irritiert, so können sich Bakterien, die ohnehin überall vorkommen, und Pilze dies zunutze machen. Sie siedeln sich in den kleinen Wunden an und verursachen dort ihre eigene Entzündung.

In den Haarbälgen der unteren Beinabschnitte können Chorioptesmilben leben, die im Fellwechsel anfangen, die Haut des Pferdes erheblich zu irritieren. Hier entstehen entzündliche Veränderungen in der Fesselbeuge und im Röhrbeinbereich auf Grund der dort lebenden Parasiten. Diese Erkrankung geht mit erheblichem Juckreiz einher. Auch hier ist ebenso ein direkter Reiz wie eine allergische Reaktion als Auslöser denkbar.

Nässe allein schadet nicht. Foto: A. Schmelzer

Einige Pferde erkranken an Mauke, ohne dass es gelingt, irgendeine Ursache dafür zu finden. Andere erkranken nicht, obwohl alle Ursachen da zu sein scheinen. Das ist irritierend, aber eine Tatsache. Erklären kann man es bisher nicht.

Richtige Haltung: Das A und O

Was begünstigt Mauke in der Pferdehaltung? Ja, klar: Schlammige Ausläufe! Das ist das Erste, was jedem dazu einfällt. Ganz so einfach ist es aber nicht.

Richtig ist, dass eine falsch verstandene Robusthaltung, wie sie leider häufig praktiziert wird, schädlich ist. Pferde sollen nicht dauerhaft im Nassen stehen. Paddocks oder ehemalige Weiden, die in den Wintermonaten von Pferden genutzt werden, sind oft matschig. Das allein schadet nicht. Schaden tut Matsch, wenn er mit der Zeit immer weniger Boden und immer mehr Pferdeäpfel und Pferdeurin enthält. Er schadet auch, wenn er täglich vierundzwanzig Stunden die unteren zwanzig Zentimeter des Pferdes umschließt.

Natürlich träumen wir alle mit unseren Pferden von artgerechter Haltung. Dazu gehört eben, dass sie viele Stunden draußen mit anderen Pferden herumlaufen können. Ideal ist es, wenn die dafür genutzten Paddocks und Weiden relativ trocken sind und nicht zu tief werden. Oft ist dieser Wunsch aus persönlichen, zeitlichen und geldlichen Gründen nicht umsetzbar. Immer umsetzbar sollte aber eine Haltung sein, in der jedes Pferd die Gelegenheit hat, mehrere Stunden auf trockenem Boden zu verbringen.

Bei so einer Unterbringung in sauberen Boxen mit befestigten Paddocks ist eine Entstehung von Mauke eher unwahrscheinlich. Foto: A. Schmelzer

Mauke kann auch durch ungepflegte und feuchte Stallhaltung entstehen. Foto: C. Slawik

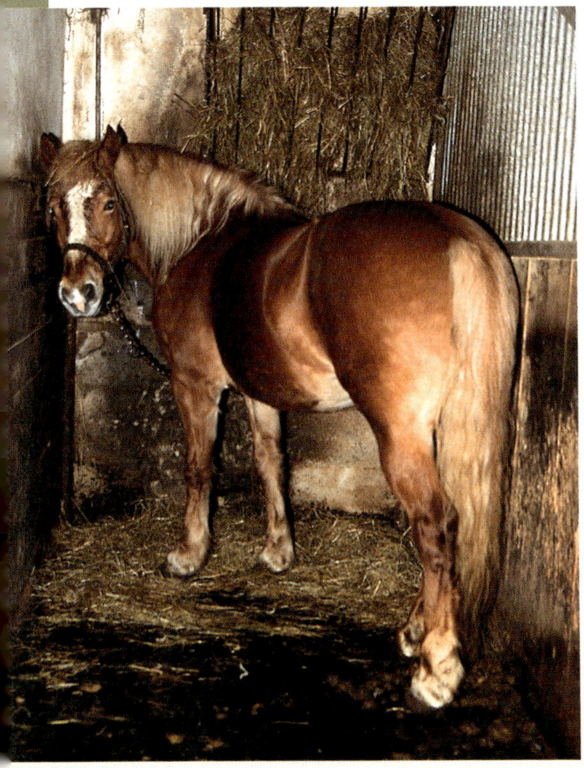

Ein Unterstand, in dem die zwei ranghöchsten Pferde Platz haben, genügt dafür aber nicht! Winterausläufe sollen entweder nur stundenweise neben Box oder Laufstall genutzt werden, oder sie müssen trockene Rückzugsmöglichkeiten für alle Pferde gleichzeitig bieten. Eine für alle Pferde vorhandene, einladend trockene Fläche wird dann auch gerne mal zum Liegen genutzt. Die Futterplätze, an denen die Pferde sich länger aufhalten, müssen trocken gelegt werden. Die Umgebung der Tränke muss ebenfalls sorgfältig sauber gehalten werden.

Der Auslauf selber sollte regelmäßig von Pferdeäpfeln befreit werden. Das macht viel Arbeit, aber nützt noch mehr.

Vor allem an Futterplätzen halten sich die Pferde länger auf. Obgleich es hier zurzeit trocken ist, ist diese Fütterung nicht optimal. Foto: A. Schmelzer

Hier sehen Sie einen Bodenbelag aus Sand und Häcksel. Foto: C. Slawik

Ein Arbeitseinsatz, der sich wirklich lohnt!

Eventuell kann man auch einen Teil des Paddocks drainieren oder mit einem befestigten Boden versehen. Oder den Matsch zu einem Haufen zusammenschieben, der, einmal getrocknet, einen Spielhügel ergibt, auf dem es immer trocken ist.

Sandaufschüttungen halten in der Regel nicht mehr als einen Winter und können, wenn nicht (teurerer) gewaschener Flusssand verwendet wird, zu erheblichem Abrieb der Hufe führen. Der gewaschene Flusssand vermengt sich gerne mit den Äppeln, sodass diese schlechter zu entfernen sind.

Holzschredder kann reizende Bestandteile enthalten und vermulcht auch innerhalb eines Jahres. Haltbare Maßnahmen zum Trockenlegen von Paddocks sind immer relativ teuer, doch nur einmal. Häufig sind sie auch sehr arbeitsintensiv, aber der Aufwand lohnt. Tiefes

Ein neuer Boden ist einmalig aufwändig und teuer, schafft aber gute Bedingungen für längere Zeit. Foto: C. Slawik.

Verschiedene Pflaster zu Bodenbefestigung. Foto: C. Slawik.

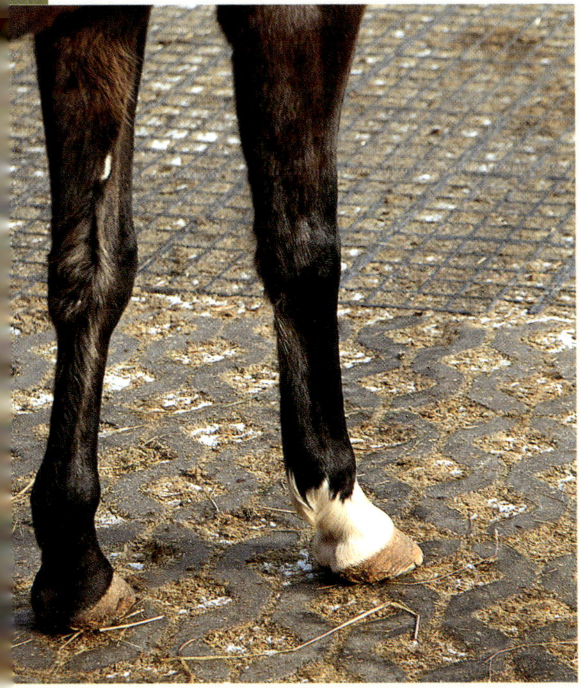

Abtragen des Bodens und Aufbringen von neuem Boden in verschiedenen Schichten ist ebenso geeignet wie industrielle Lösungsangebote. So gibt es Kunststoffgitter, die in den Boden eingelegt werden, Gummimatten und verschiedene Pflasterungen.

Eine gute Möglichkeit stellt auch der Cowcarpet dar, eine Art Teppich, der unter einer dünnen Bodenschicht dafür sorgt, dass Wasser abläuft und die Pferde nicht versacken.

Wenn Pferde in Boxen gehalten werden, sollten diese an der Oberfläche trocken sein. Auch bei – immer noch häufig praktizierter – Matratzenstreu sollte es gelingen, die obersten Schichten trocken zu halten. Das Abnehmen der Pferdeäpfel ist auch bei Matratzenstreu sinnvoll.

Die tägliche Reinigung ist bei der Boxenhaltung erforderlich, damit Haut und Hufe nicht unnötig gereizt werden. Foto: A. Schmelzer

Dies ist recht saugfähiges Leinstroh. Es wird nicht gefressen und bietet so im Gegensatz zu Stroh keine Beschäftigungsmöglichkeit. Foto: A. Schmelzer

Normales Stroh kann auch durch Strohhäcksel ersetzt werden. Dieser führt allerdings zu Verdauungsproblemen, wenn er in größerer Menge gefressen wird. Foto: A. Schmelzer.

Jede Mischung aus Pferdeäpfeln und Pferdeurin reizt auf Dauer Haut und Hufe!

Alle Arten von Einstreu können verwendet werden, wenn die Einstreu gepflegt und oft genug gewechselt wird. Es gibt Pferde, denen es gelingt, jeden Tag ihre Box in ein Dreckloch zu verwandeln. Hier kann besser Trockenheit erreicht werden, wenn unter dem Stroh Späne, ein Sand-Späne-Gemisch oder Torf verwendet werden. Diese Unterlage muss dann natürlich auch öfter gewechselt werden.

Bei bereits gereizten Fesselbeugen muss man vorsichtig sein, welche Chemikalien man in die Nähe seines Pferdes lässt. Vorbeugend können die kommerziell angebotenen Ammoniak bindenden Pulver zur Geruchvernichtung verwendet werden.

Tägliche Pflege

Bei jedem Gedanken an Mauke sollte selbstverständlich sein, dass täglich alle vier Fesselbeugen kontrolliert und gesäubert werden. Und da fängt es mit den Fehlern auch schon an:

Zum Säubern die Beine täglich zu waschen, ist falsch. Es schadet dem Pferd und kann die Entstehung von Mauke begünstigen. Besser ist es, den Schlamm am Pferdebein trocknen zu lassen und abzubürsten.

Da weiche Schmusebürsten in aller Regel nicht gegen den Dreck ankommen, müssen Sie festere Bürsten (etwa Wurzelbürsten) benutzen. Achten Sie darauf, das Sie nicht mit scharfen oder kaputten Bürsten arbeiten, Sie schaffen sonst klitzekleine Verletzungen, welche die Entstehung von Mauke begünstigen.

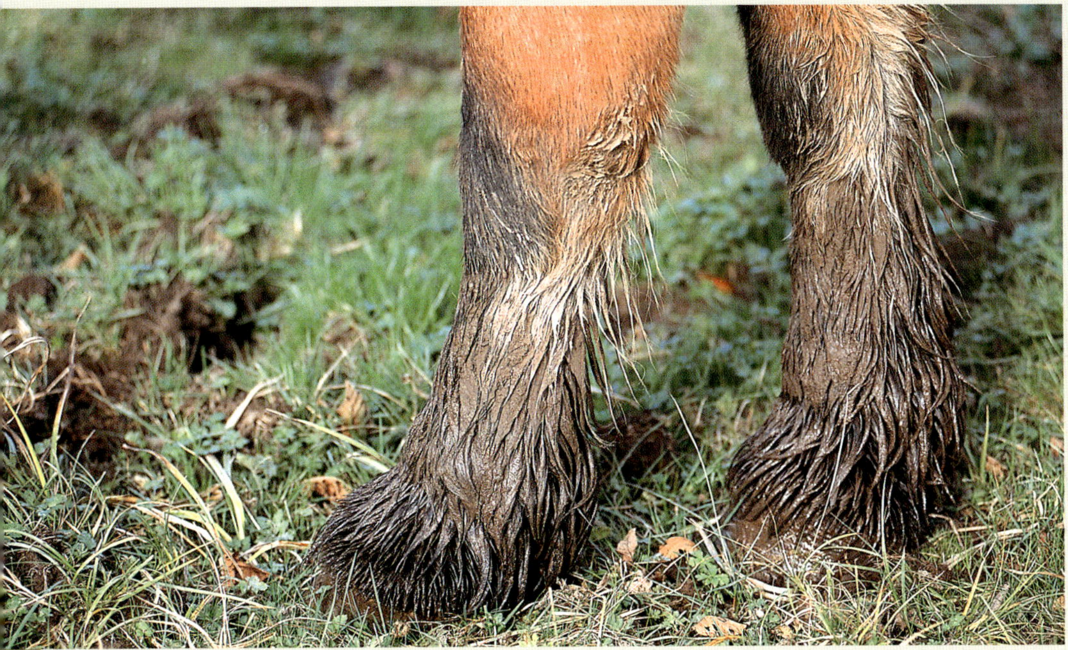

Diese schlammigen Hufe werden am besten trocken abgebürstet, denn zu häufiges Waschen schadet eher als dass es nützt. Foto: C. Slawik

Wurzelbürsten eignen sich gut zum Abbürsten. Foto: C. Slawik.

Man sollte möglichst selten abspritzen.
Foto: A. Schmelzer

Nach dem Abwaschen sollen die Fesselbeugen trockengetupft werden. Foto: C. Slawik.

Wenn Sie doch einmal die Fesseln abspritzen oder waschen wollen oder müssen, trocknen Sie anschließend die Fesselbeuge ab. Nehmen Sie dazu ein sauberes und weiches Handtuch. Tupfen Sie den Bereich vorsichtig trocken, Abreiben reizt die Haut. Natürlich sollte das Handtuch regelmäßig gewaschen werden, ohne Weichspüler oder andere reizende Zusätze.

Kötenzöpfe und Fesselbehang sind sinnvolle Einrichtungen. Sie sollen möglichst nicht abgeschnitten werden. Nur wenn hartnäckige Maukeveränderungen sich unbehandelbar unter langem Behang verstecken, kann es im Einzelfall sinnvoll sein, die Haare abzuschneiden. In allen anderen Fällen unterbleibt das besser. Zum einen dienen die Haare mechanisch dem Schutz der Fesselbeuge, zum anderen leiten sie Feuchtigkeit an der Fessel vorbei (das können auch relativ dünne Kötenzöpfe). Nachwachsende geschnittene Haare und Haarstummel stellen auch wieder einen mechanischen Reiz dar, der vermieden werden kann.

Vorbeugendes Einschmieren der Fesselbeugen ist in aller Regel eher schädlich als nützlich. Auch trocken getupft, ist ehemals nasse Haut noch feucht. Denken Sie daran, wie Ihre eigene Haut nach einem Wannenbad aussieht, auch nach dem Abtrocknen ist sie offensichtlich noch feucht. Wird feuchte Haut mit fettiger Salbe abgedeckt, so entsteht darunter ein kleiner luftabgeschlossener Raum, eine Art Brut-

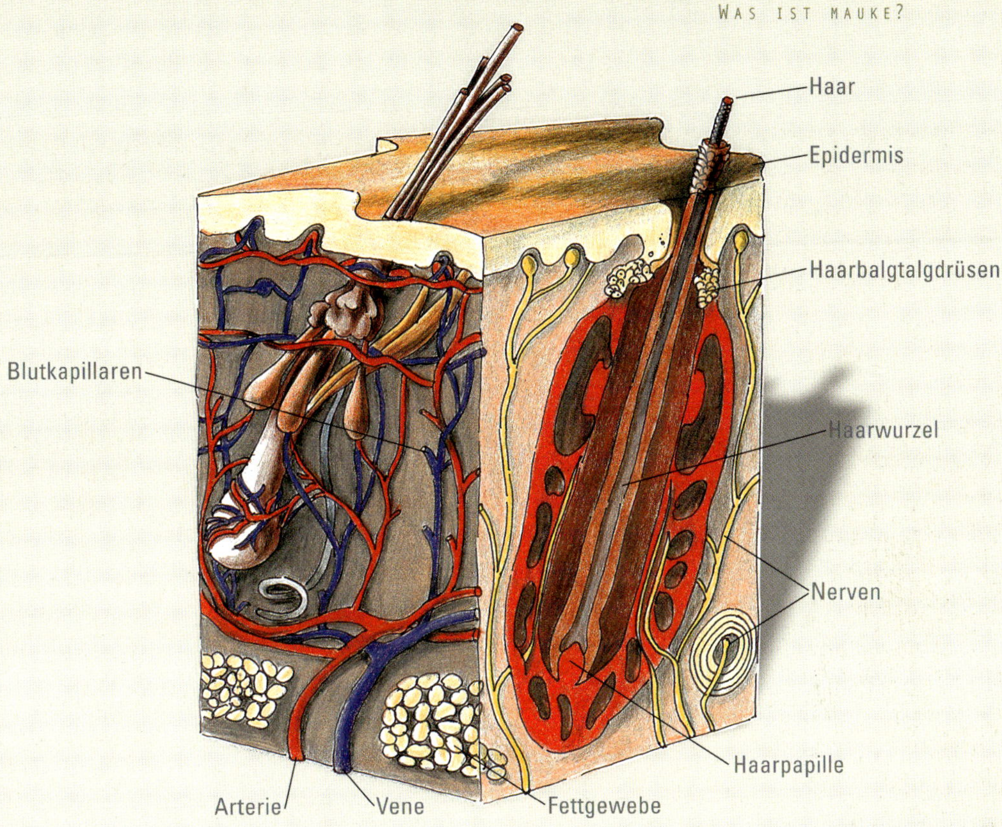

An diesem Hautquerschnitt erkennt man, wie komplex dieses Organ aufgebaut ist.

kasten – und dass hier drei oder vier Bakterien drin sind, die sich darüber freuen, ist gar nicht zu vermeiden. Zudem verstopft man die Poren. Haut wirkt mit ihren Schichten wie ein Schutzschild gegen alle eindringenden Irritationen. Dafür ist sie gedacht und gebaut. Unser Ziel muss es sein, diese natürliche Hautfunktion zu erhalten und zu unterstützen, sie zu blockieren kann nicht richtig sein.

Dazu kommt, dass alle aufgetragen fetthaltigen Salben sich am nächsten Tag mit Schmutz und Schlamm zu einer Masse verbinden, die ein gutes Zuhause für Bakterien, Pilze und Parasiten darstellt.

Wenn zum Reiten Gamaschen, Springglocken oder Ballenschutzringe verwendet werden, muss darauf geachtet werden, dass sie nur auf trockene und saubere Beine kommen. Ansonsten entstehen darunter kleine Verletzungen, die eine Mauke-Erkrankung begünstigen. Wenige Sandkörner unter Springglocken funktionieren wie Sandpapier.

Durch seine große Auswahl ist der Futtermittel- und Zusatzfuttermarkt unübersichtlich geworden.

Richtig füttern

Pferdefütterung ist ein sehr, sehr komplexes Thema und noch ist nicht alles vollständig erforscht. Sicher ist, dass ein Vitamin-, Mineralstoff- oder Spurenelementmangel die natürlichen Hautfunktionen ungünstig beeinflusst. Da ein Überschuss leider auch schädlich ist, muss jeder individuell für sein Pferd den Bedarf ermitteln oder errechnen lassen. Einige Futterzusätze auf dem Markt beeinflussen sichtbar die Hautanhangsgebilde wie Hufe und Haare, sie beeinflussen sicher auch den Hautstoffwechsel positiv.

Ein Überangebot an leicht verdaulichen Kohlenhydraten, wie es beim Anweiden im Frühjahr vorkommt, scheint Maukeentstehung zu begünstigen („Futtermauke"). Eine Übersäuerung des Organismus, die durch Fehler in der Ernährung entstehen kann, soll Mauke ebenso begünstigen.

Sorgen Sie für eine bedarfsgerechte Fütterung Ihres Pferdes mit ausreichender Mineralstoff- und Vitaminversorgung. Lassen Sie sich im Zweifelsfall beraten und lassen Sie regelmäßig einige Stoffwechselparameter von Ihrem Tierarzt überprüfen. Es kann durchaus sinnvoll sein, bei wiederkehrender Mauke auch mal ein Blutbild zu machen. Bedenken Sie, dass verschiedene Futterbestandteile sich gegenseitig beeinflussen. Wer – gut gemeint – täglich Mash füttert, kann auch bei ausreichender absoluter Menge an Mineralstoffen und Spurenelementen einen Mangel bekommen. Die einzelnen Mineralstoffe und Spurenelemente werden zum Teil nur gleichzeitig aufgenommen. Der Körper resorbiert nur Stoff A und Stoff B, genug Stoff A alleine wird einfach wieder ausgeschieden. Andere Stoffe werden über den gleichen Weg aufgenommen, der Körper resorbiert also Mineralstoff A oder Mineralstoff B. Viele Vitamine können nur mit etwas Fett verstoffwechselt werden.

Grundsätzlich besteht die Fütterung der Pferde zunächst einmal aus gutem Raufutter. Im Sommer ist das bei den meisten Pferden Gras. Das Pferd als ehemaliges Steppentier ist mit einer kargen und artenreichen Weide besser bedient als mit üppigem Gräseraufwuchs.

Im Winter muss ausreichendes gutes Raufutter gefüttert werden. Das ist dann getrocknet oder siliert und hat dadurch schon Inhaltsstoffe verloren. Ganzjährig entstehen bei reiner Raufutterfütterung immer Mineralstoffdefizite oder Imbalancen, die durch Zufütterung ausgeglichen werden sollen. Idealerweise wird die Zufütterung von Krippenfuttern oder Konzentraten nach der Raufutterfütterung vorgenom-

Diese Weide sieht sehr lecker aus, aber so üppig und mit dem vielen Hahnenklee ist sie für Pferde nicht optimal. Foto: A. Schmelzer

men, damit der Magen vorbereitet ist und die Inhaltsstoffe optimal verstoffwechselt werden können. Wichtiger als die absolute Menge der einzelnen Mineralstoffe ist ihr Mengenverhältnis zueinander und ihre Verfügbarkeit für den Pferdeorganismus. Bedenken Sie, dass auch bei der Zufütterung von Möhren oder Roter Bete im Winter ein Vitaminmangel entstehen kann.

Achten Sie darauf, durch ihre Fütterung nur bestehende Mängel und Imbalancen auszugleichen. Mit Argumenten wie „Viel hilft viel" und überdosierten Konzentraten können Sie auch neue Imbalancen schaffen.

Für das Hautbild im Allgemeinen recht gut sind verschiedene Fette und die Vitamine der B-Gruppe. So kann die Zufütterung von Speiseöl, Leinöl, Lebertran oder gekochtem Leinsamen das Fell zum Glänzen bringen und den Hautstoffwechsel verbessern. Ebenfalls ein kleines Wunder aus der Speisekammer ist Hefe. Pro Pferd ein halber Würfel am Tag verändert sichtbar Haut und Hufe. Genug, dies ist ja kein Ernährungsratgeber. Lassen Sie sich beraten, fragen Sie nach und seien Sie sehr kritisch bei allen Futterzusätzen, deren Werbung Heilungsversprechen enthält. Gute Ernährung schafft gute Voraussetzungen für Selbstheilungsvorgänge. Futter ist aber kein Arzneimittel!

Weiden, die ein wenig an karge Steppen erinnern, sind als Aufenthaltsort für Pferde geeignet. Foto: A. Schmelzer.

Mauke als Warnsignal

Alle Ekzeme, also auch Mauke, können ein Signal für innere Erkrankungen, Disharmonien und Imbalancen sein. Erkrankungen von Leber und Niere gehen immer mit Entgiftungsproblemen einher, die den Hautstoffwechsel beeinflussen. Durchblutungsstörungen infolge von Erkrankungen, Hufproblemen oder Bewegungsmangel wirken sich auch negativ auf den Hautstoffwechsel in den Fesselbeugen aus.

Parasitenbefall kann die Pferde stark schwächen und ein Maukeproblem begünstigen. Alle Allergien beeinflussen andere Reaktionen des Immunsystems.

Aus der Naturheilkunde erhalten wir den Hinweis, Fesselbeugenekzeme treten bei Problemen der Nebennieren auf. Hier könnte ein Zusammenhang zu stressbedingter Verschlechterung der Mauke bestehen.

Behalten Sie unbedingt die Gesundheit und das Wohlbefinden Ihres ganzen Pferdes im Auge, auch wenn derzeit das Problem auf die unteren zwanzig Zentimeter begrenzt zu sein scheint.

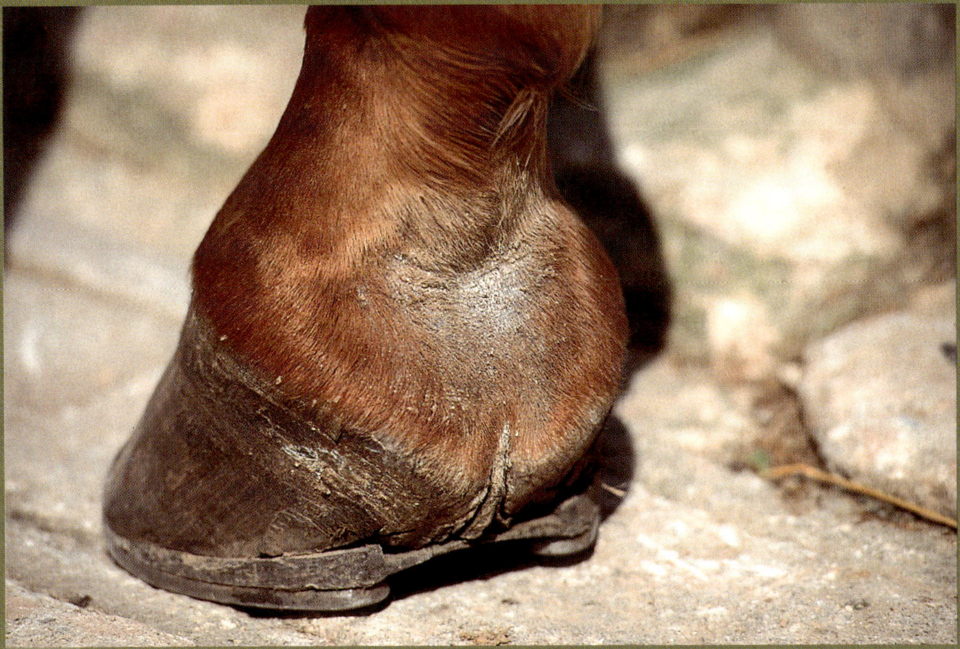

Die Haut in dieser Fesselbeuge ist leicht geschwollen und fühlt sich warm an. Foto: C. Slawik

Hier sehen Sie deutlich feuchte Maukeveränderungen. Foto: C. Slawik

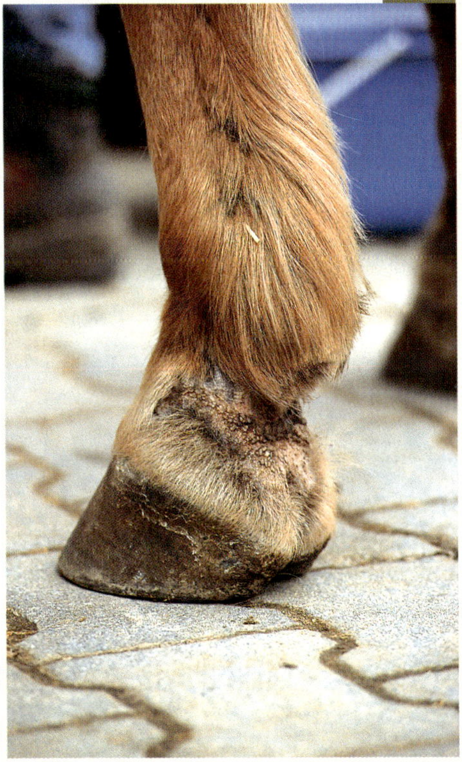

Die Symptome der Mauke

Zuerst entsteht in der Fesselbeuge eine geringe Rötung der Haut. Wenn man genau hinfühlt, kann man ein wenig Wärme, leichte Anschwellung und Schmerzempfindlichkeit feststellen.

Anschließend kommt es zur Bildung von Knötchen und Bläschen, die aufgehen können. Die Haut wird zerstört. Es entstehen kleine Wunden mit wässrigem oder schmierigem Sekret. Auf den kleinen Wunden entsteht ein schmieriger oder bröckliger Belag. Für die Behandlung ist es wichtig, ob es sich um eine trockene Mauke oder eine feuchte Mauke handelt.

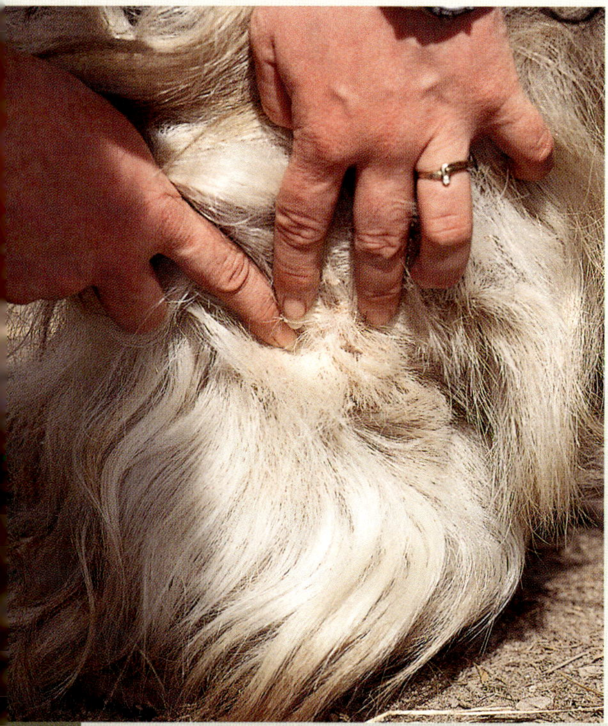

Versteckt unter dem Behang finden sich trockene Krusten. Foto: C. Slawik.

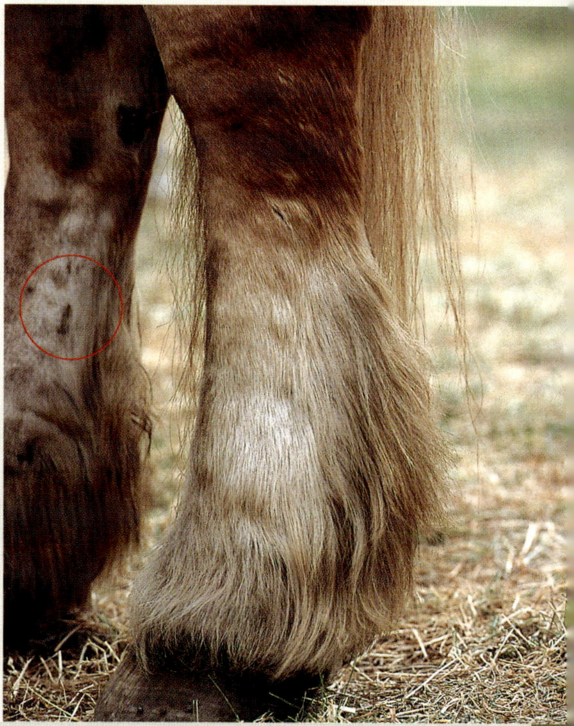

Solche Veränderungen lassen den Verdacht einer Milbenerkrankung aufkommen. Foto: C. Slawik

Die offenen Stellen können von verschiedenen Bakterien besiedelt werden. Je nachdem, welche Bakterien beteiligt sind, wird das Wundsekret eitrig, grünlich oder faulig. Auf den Wunden entsteht ein Belag aus Wundsekret, Schmutz, zersetzter Haut und Haargewebe. Dieser Belag bietet einen idealen Nährboden für viele verschiedene Keime. Darüber hinaus blockiert er vollständig die wichtige Hautatmung in dem betroffenen Bereich. In einigen Fällen kommt es auch zur Ansiedlung von Hautpilzen. Vor allem bei Mauke, die viel gewaschen und mit antibiotischen Salben behandelt wird, treten Pilzinfektionen häufig auf.

Durch die Sekrete und zu Beginn des Heilungsvorganges entsteht Juckreiz. Bei einem Befall mit Chorioptesmilben entsteht von Anfang an Juckreiz, der meist die gesamten Röhrbeine mit erfasst. Betroffene Pferde benagen die juckenden Hautstellen, stampfen auf und kratzen sich an allem, was ihnen dafür geeignet scheint. So kann es passieren, dass ein von Milben geplagtes Pferd ständig die Eisen verliert, weil es sich immer an der Tränkewanne die Füße kratzt.

Wird der Teufelskreis nicht unterbrochen, so wehrt der Pferdekörper sich auf seine Weise. Idealerweise gelingt das beim glücklichen, gesunden Pferd unter guten Haltungsbedingungen auch. Das Immunsystem ist in der Lage Keime zu erkennen und wirkungsvoll zu bekämpfen. Es entsteht eine natürliche Selbstheilung. Auf diese ist jedes Bemühen unsererseits ausgerichtet. In aller Regel gelingt das

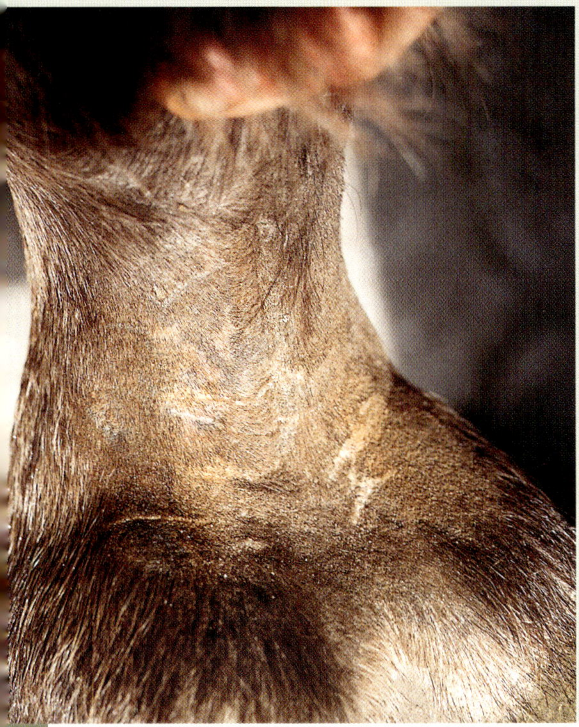

In dieser Fesselbeuge sind nach der Heilung kleine Narben zurückgeblieben. Foto: H. Ende

Die Erkrankungsstadien der Mauke medizinisch betrachtet

Die verschiedenen Erkrankungsstadien der Mauke

Erstes Stadium: *Dermatitis erythematosa. Die Haut ist lediglich leicht gerötet.*

Zweites Stadium: *Dermatitis madidans. Die Haut ist leicht verdickt und warm.*

Drittes Stadium: *Dermatitis crustosa. Die Haut geht an ihrer Oberfläche kaputt, es entsteht ein wenig Wundsekret.*

Viertes Stadium: *Dermatitis squamosa. Die Haut quillt auf und es entstehen schmierige Beläge auf diversen kleinen Wunden. Es sind Knötchen und Bläschen in der Haut vorhanden und die Berührung ist schmerzhaft.*

Fünftes Stadium: *Dermatitis verrukosa. Der Papillarkörper liegt frei und es entstehen Wucherungen über das normale Hautniveau hinaus.*

nicht, weil die Bedingungen nicht optimal sind oder der Pferdeorganismus überfordert ist. In diesen Fällen müssen wir therapeutisch eingreifen. Ziel ist immer die Wiederherstellung der natürlichen Funktionen und die Unterstützung der Selbstheilung. Wenn die Entzündung fortschreitet, greifen die beteiligten Keime auf tiefere Gewebeschichten über. Die Fesselbeugen sind bei Berührung schmerzhaft und die Pferde können lahmen. Es können Phlegmonen und Saumbandentzündungen entstehen. An den Maukestellen verändert sich das Wundsekret und die Haut verdickt sich. Jetzt wird es allerhöchste Zeit für eine wirkungsvolle Behandlung!

Für die Behandlung und den zu erwartenden Heilungsverlauf ist es wichtig, in welchem Erkrankungsstadium sich die Mauke befindet. In den Stadien eins und zwei kommt man normalerweise ohne Waschungen und Desinfektion aus. Solche Maßnahmen würden nur reizen und die Heilungsdauer verlängern. In Stadium drei müssen von außen krustenlösende und reinigende Maßnahmen erfolgen. Ab dem dritten Stadium entsteht auch bereits eine Sklerosie-

Bei so einer Haltung kann eine Mauke-Erkrankung nicht heilen. Foto: A. Schmelzer.

rung der Unterhaut. Das ist eine Art Verstärkung des Unterhautgewebes, die mit einem Verlust an Elastizität und Durchblutung einhergeht. Dadurch wird die Erkrankung chronisch. Auch bei Abheilung der Wunden bleibt eine Sklerosierung der Unterhaut. Die nächste Mauke entsteht leichter und heilt schlechter. Im fünften Stadium hilft, wenn überhaupt, nur eine Operation.

So schön lateinisch und eindeutig, wie es klingt, ist es natürlich auch wieder nicht. Es liegen fast immer verschiedene Grade und Stadien der Erkrankung gleichzeitig am gleichen Bein vor. Sie kennen das, die Stelle außen heilt schon ganz gut, die innen scheint sich kaum zu verändern und die in der Mitte der Fesselbeuge scheint nach dem Waschen sogar schlechter geworden zu sein.

Was wirklich hilft

Am allerwichtigsten ist das Abstellen der Ursachen! Nur dann kann eine Behandlung überhaupt erfolgreich sein.

Sorgen Sie dafür, dass Ihr Pferd mehrere Stunden täglich trocken untergebracht ist. Besonders hartnäckige Fälle, oder bereits im Stadium vier oder fünf befindliche Pferde, müssen ganz aufgestallt werden. Überprüfen Sie die Fütterung. Denken Sie daran, das Sie es sind, der die Voraussetzungen zur Heilung schaffen muss. Wenn mit der Mauke ein Einschuss, eine Lahmheit oder Fieber einhergeht, müssen Sie zum Wohl Ihres Pferdes immer einen Tierarzt rufen.

Alle können Mauke bekommen: Die ganz schweren, ...
Foto: A. Schmelzer

... die ganz großen ...
Foto: A. Schmelzer

Behandlungshinweise aus der Schulmedizin

In Stadium eins und zwei sollten Sie die Wunden nicht waschen. Zunächst sollten die betroffenen Hautstellen am sauberen und trockenen Bein mit Salben zweimal täglich behandelt werden. Als Salben werden zinkoxidhaltige Salben, Zink-Lebertransalben, Sulfonamidlebertransalben und Ringelblumensalbe (das ist dasselbe wie Calendulasalbe) empfohlen.

Bei vorhandenem Juckreiz kann die Verwendung von Salben mit einem Anteil Prednisolon (einem Kortikoid) oder einem Lokalanästhetikum angeraten sein. Diese Salben sind oft nicht optimal für die Hautneubildung, aber am Behandlungsbeginn sinnvoll. Sie unterbrechen den Juckreiz-Teufelskreis, denn auf Grund des

... und die ganz kleinen Pferde.
Foto: C. Slawik.

Juckreizes beginnen die Pferde ihre Beine zu schubbern oder zu benagen, es entstehen neue Verletzungen, es setzt erneut Heilung ein, es entsteht wieder Juckreiz und so weiter.

Ab Stadium drei sollen die betroffenen Areale ein- bis zweimal wöchentlich mit einer milden Seife gereinigt werden. Dazu eignen sich medizinische Waschsyndets, grüne Seife oder Jodseifen. Nach dem Abspülen der Seife kann es sinnvoll sein, die betroffenen Bereiche mit dreiprozentigem H_2O_2 (Wasserstoffsuperoxid) oder einem Polyvidonjod (Betaisodona, Vetsept oder ähnlich) abzuspülen. Anschließend werden austrocknende Puder oder epithelisierende (hautneubildungsfördernde) Salben aufgetragen.

Behandlung mit Antibiotika

Bei tiefer greifenden Erkrankungen kann es notwendig sein, das Pferd systemisch unter Antibiotika zu setzen. Wenn hartnäckige Keime in den Wunden nachgewiesen werden, können gezielt gegen diese Keime wirksame Antibiotika Verwendung finden. Voraussetzung hierfür ist, dass eine Tupferprobe entnommen und bakteriologisch untersucht wird. Anschließend kann ein Antibiogramm angefertigt werden, welches sicher aussagt, welches Antibiotikum am sinnvollsten eingesetzt wird. Es gibt auch Breitbandantibiotika, die gespritzt oder gefüttert werden können und die, wie ihr Name sagt, gegen viele Keime helfen.

Direkt vor Ort in Salben können auch Antibiotika aufgetragen werden. Auch dann ist es natürlich sinnvoll, vorher zu bestimmen, welche Keime beteiligt sind und welches Antibiotikum in diesem Fall hilft.

Häufig werden zusammengesetzte Salben verwendet, die zwei Antibiotika, ein Mittel gegen Pilz und ein Kortikoid enthalten. Oft sind dann mehrere Wirkstoffe auf der Wunde, die nichts nützen.

Im Einsatz von Antibiotika sollen einige Grundsätze beachtet werden. Das gilt unabhängig davon, ob die Antibiotika gespritzt, gefüttert oder direkt aufgetragen werden. Antibiotika sollen nur eingesetzt werden, wenn es ohne sie nicht geht. Sie sollen gezielt eingesetzt werden, das heißt im Idealfall nach einem Antibiogramm. Antibiotika sollen immer in ausreichender Dosierung und ausreichend lange gegeben werden. Fragen Sie im Einzelfall Ihren Tierarzt. Er sollte es auch sein, der Ihnen die Medikamente gibt oder verschreibt. Andernfalls kann es passieren, dass Sie nur die Resis-

Jedes Pferd ist in seinem Equidenpass ausgewiesen und eindeutig beschrieben. Foto: C. Slawik

tenz der Bakterien trainieren. Wenn die Bakterien nämlich geübt haben, mit fehldosierten oder nur kurzfristig angewandten Antibiotika umzugehen, dann lassen sie sich anschließend damit nicht mehr wirkungsvoll behandeln.

Behandlung von Hautpilzen

Wenn Hautpilze an der Entstehung der Erkrankung beteiligt sind, gibt es noch zwei Dinge, die Sie für Ihr Pferd tun können: Sie können es gegen Hautpilz impfen lassen und Sie können mit Antimykotika behandeln. Die Impfung gegen Hautpilze ist seit etwa zwei Jahren möglich und schützt zuverlässig vor Hautpilzbefall. Darüber hinaus beeinflusst diese Impfung die Hautimmunität und kann so auch die Abheilung begünstigen, wenn keine Pilze beteiligt sind. Notwendig sind zwei Impfungen im Abstand von vierzehn Tagen. Die üblichen Schutzmaßnahmen sollen eingehalten werden (kein Stress und nur leichte Arbeit an den Tagen vor und nach der Impfung). In seltenen Fällen kann es nach der zweiten Impfung zu leichten Reaktionen kommen. Das bedeutet, die Injektionsstelle kann anschwellen und die Körpertemperatur leicht steigen. Diese Reaktionen verschwinden innerhalb von zwei Tagen wieder. Äußerlich kann zusätzlich mit Antimykotika betupft oder gewaschen werden. Diese Medikamente bekommen Sie von Ihrem Tierarzt.

Behandlung von Milbenbefall

Wenn Milben beteiligt sind, so muss natürlich auch gegen diese behandelt werden. Die bei Milbenbefall entstehenden Veränderungen sind relativ typisch: An der Röhre (auch vorne) entstehen kleine Krusten, die man mit etwas Haaren zusammen abschaben kann. In aller Regel besteht Juckreiz. Lassen Sie eine Haut- und Haarprobe auf Milben untersuchen. Oft findet man die Milben relativ leicht. Wenn Milben nachgewiesen werden, lassen Sie sich ein Wasch- oder Sprühpräparat gegen Milben geben und wenden Sie es unter den auf der Packung beschriebenen Vorsichtsmaßnahmen an. Eventuell kann Ihr Tierarzt auch etwas gegen die Milben spritzen.

Denken Sie daran, dass alle diese Medikamente Arzneimittel sind. Die Anwendung muss, wenn Sie im Equidenpass Ihr Pferd (noch) als potenzielles Schlachttier definiert haben, dokumentiert werden. Nach dem geltenden Gesetz soll die Anwendung beim Tierarzt, in Ihrem Equidenpass und im Bestandsbuch dokumentiert werden.

Haben Sie Ihr Pferd als nicht Schlachttier definiert, können Sie sich diesen Ausflug in die Bürokratie sparen und den letzten Absatz vergessen. Wenn Sie (etwa) noch keinen Equidenpass haben, so besorgen Sie den schnellstmöglich. Sie machen sich strafbar, und Ihren Tierarzt ziehen Sie auch noch mit hinein. Equidenpässe gibt es über die Pferdezuchtverbände, die Pferdestammbücher, die Landesverbände, die FN, die Veterinärämter. Fragen Sie Ihren Tierarzt, eventuell hat er sogar einen Antrag für Ihr Pferd dabei. Denn den Equidenpass brauchen alle Pferde, auch wenn sie niemals auf einem Turnier gehen.

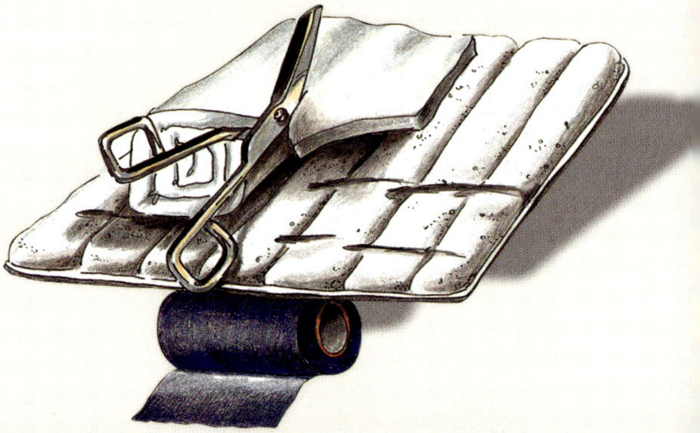

Hier sehen Sie, was Sie für den Verband der Fesselbeuge benötigen.

Das Anlegen von Verbänden

Zum Thema zurück: Bei der Maukebehandlung kann es in Stadium drei und vier notwendig sein, Verbände anzulegen. Diese Verbände können desinfizierend als Angussverbände notwendig sein, oder heilungsfördernd als Salbenverbände. In allen Fällen gilt: Die zu verbindenden Abschnitte des Pferdebeines sollen möglichst sauber sein. Sie müssen eine ausreichend große Wundauflage verwenden, damit Ihr Verband nicht nachher an der Wunde klebt. Andernfalls reißen Sie mit jedem Verbandswechsel die Krusten wieder auf. Das verzögert die Heilung und tut Ihrem Pferd weh.

Der Verband soll den Kronrand und das Fesselgelenk einschließen. Sie müssen den Kronrand und die Fesselbeuge ausreichend polstern. Darüber wickeln Sie nicht zu fest und nicht zu locker eine dieser modernen, bunten und an sich selbst haftenden Bandagen. Die sind zwar relativ teuer, aber gut zu verarbeiten, und sie sitzen. Sie können natürlich auch anderes Material verwenden, wenn es nicht an der

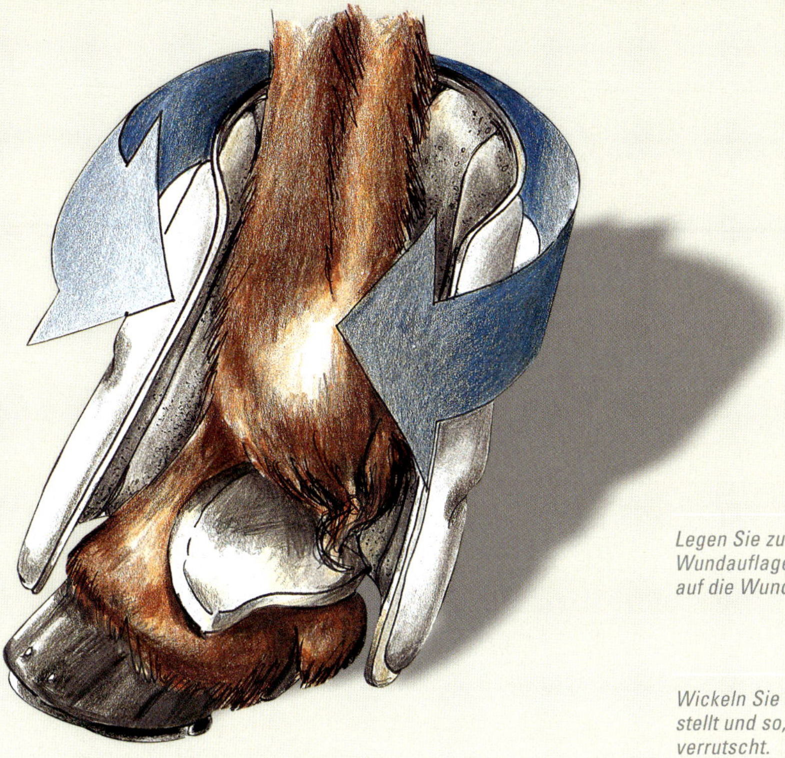

Legen Sie zunächst die Wundauflage vorsichtig auf die Wunden.

Wickeln Sie so wie dargestellt und so, dass nichts verrutscht.

Wunde klebt und luftdurchlässig ist, aber so ist es eben am einfachsten. Am Huf müssen Sie den Verband eventuell mit Klebeband befestigen, damit er nicht hoch rutscht. Lassen Sie sich das Anlegen so eines Verbandes einmal zeigen und üben Sie das mit Ihrem Pferd, wenn es gerade nicht drauf ankommt. Sie sind dann beide geduldiger.

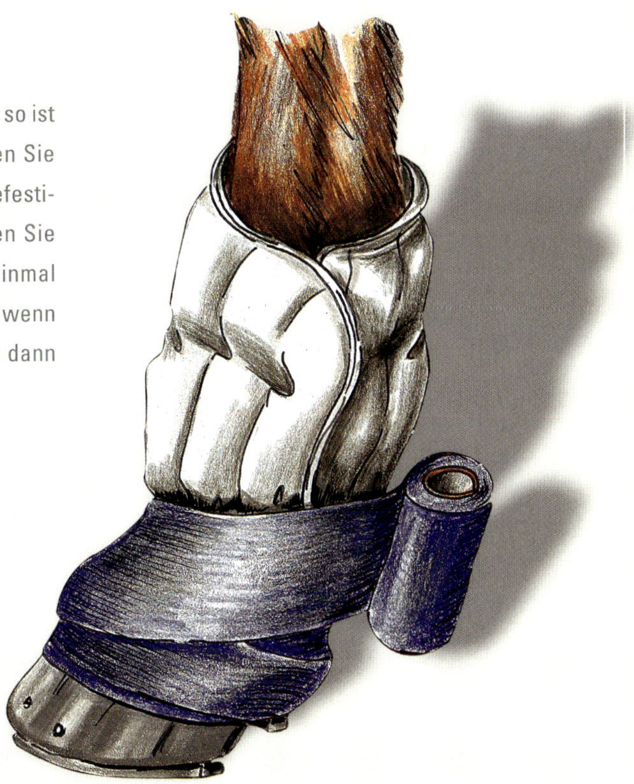

Nicht vergessen: Wichtig ist die Haltungsverbesserung. Hier ist es optimal. Auch wenn nicht gerade Sommer ist, bleibt dieser Unterstand erreichbar und trocken. Foto: A. Schmelzer

Was man sonst noch tun kann

In der Abheilung der Mauke kommt es zu Verschorfungen. Sie müssen die Wunde gut beobachten, damit Sie dort eingreifen, wo es notwendig ist: Guter Schorf ist rot und trocken. Der bleibt bitte drauf. Gelbe Verklebungen und Schorf, unter dem es noch schmierig ist, müssen Sie vorsichtig entfernen. Eventuell können Sie diesen „schlechten Schorf" mit Seifen oder Salben aufweichen, damit die Entfernung nicht schmerzt. Erst wenn es nicht mehr gelblich und schmierig ist, können Sie versuchen, mit Fetten die Haut geschmeidig zu halten. Fett auf schmierigen Wunden führt zu einem Luftabschluss, und das wollten Sie ja nicht.

Unabhängig davon in welchem Stadium sich die Mauke befindet, und zusätzlich zur Ursachenbekämpfung, können Sie natürlich noch einiges tun:

Sie sorgen für beste Heilungschancen, indem Sie eine gute Durchblutung gewährleisten. Das heißt, Ihr Pferd muss sich bewegen. Durchblutung im Bein funktioniert nur mit Bewegung. Der Hufmechanismus ist es, der das Blut aus dem Bein pumpt! Wenn Ihr Pferd nicht erhebliche Schmerzen und auch kein Fieber hat, soll es un-

Die optimale Unterbringung: in befestigtem Paddock und trockener Rückzugsmöglichkeit. Foto: C. Slawik.

bedingt geführt oder geritten werden. Idealerweise ist es dazu noch mehrere Stunden draußen und trödelt so vor sich hin. Oder es kommt mindestens zweimal am Tag raus. Stellen Sie sich vor, dass ab dem Moment, wo Sie Ihr Pferd in die Box stellen, die Durchblutung stündlich schlechter wird, bis es sich wieder bewegt. Sie sehen das ja selbst: Wenn Sie am nächsten Morgen kommen, sind die Beine ganz dick, aber schon nach nur zehn Minuten Bewegung viel besser. Wenn die Beine immer so dick werden, schadet das dem Bindegewebe, spannt und erzeugt Schmerzen.

Es gibt noch etwas Tolles, das die Durchblutung anregt, die Heilung begünstigt und die Bildung von wildem Fleisch einschränkt. Das ist die Bestrahlung mit Soft Laser. Fragen Sie, ob Ihr Tierarzt oder Ihr Heilpraktiker so ein Gerät besitzt. Alle zwei Tage nur fünf Minuten Bestrahlung regen die Heilung erheblich an.

Unterstützen können Sie Ihr Pferd mit allen Maßnahmen, die systemisch das Hautbild und die Heilung beeinflussen. Das sind gute Fütterung, wie bereits beschrieben, und allgemein verbessernde Mittel.

Aus der Homöopathie gibt es Hinweise auf Hautmittel und Konstitutionsmittel, die sehr hilfreich eingesetzt werden können. Oft werden Silicea und Sulfur genannt. Das richtige Mittel für Ihr Pferd in der richtigen Potenz kann aber nur jemand finden, der sich mit Homöopathie auskennt und sich mit Ihrem Pferd und der Erkrankung bekannt macht. Allgemein gültige Homöopathie gibt es nicht, helfen kann nur individuelle Behandlung auf Grund einer Einzeltierdiagnose.

Für den homöopathischen Laien gibt es Komplexpräparate, die verschiedene Homöopathika enthalten, sodass bei vielen behandelten Pferden eine Besserung erzielt werden kann. Diese Präparate werden gespritzt, gefüttert oder an Akupunkturpunkten gequaddelt. Hierzu gehören Cutis comp., Traumeel und Coenzym comp. von Heel, Alleosal von Albrecht und einige andere. Fragen Sie Ihren Tierarzt oder Ihren Heilpraktiker.

Eine generelle Immunmodulation der Haut erreichen Sie auch, wenn Sie Ihr Pferd mit Insol Dermatophyton von Boehringer gegen Pilz impfen lassen (siehe Seite 23).

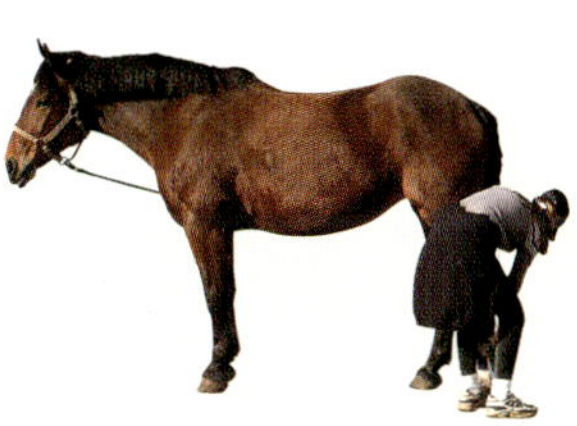

Es gibt viele verschiedene Salben und Einreibungen, die verwendet werden können.

Salben für besser erklären als andere, nicht genannte Produkte. Sie gibt lediglich einen Einblick in das breite Angebot.

Sie finden häufig den Hinweis, Sie möchten auf die Salbengrundlage achten. Es gibt oft von ein und demselben Wirkstoff eine Tinktur, einen Auszug, eine Zubereitung in einer Öl-in-Wasser-Emulsion und eine Zubereitung in einer Wasser-in-Öl-Emulsion, und die Essenz in einem Fett als Trägerstoff. Sie wollen die Haut behandeln, nicht luftdicht abschließen. Feuchte Veränderungen sollen trocknen, trockene Veränderungen geschmeidig bleiben. Behalten Sie Ihr Ziel im Auge. Nicht Sie heilen, oder Ihr Tierarzt. Ihr Pferd ist es, das heilt. Dazu benötigt es alle seine Selbstheilungskräfte. Sie und Ihr Tierarzt können es dabei wirkungsvoll unterstützen. Tinkturen und ätherische Öle können reizend sein, dann sollen sie nicht unverdünnt angewandt werden. Bedenken Sie auch, dass Pferde allergisch reagieren können. Allergien gibt es bei einzelnen Pferden zum Beispiel gegen Formaldehyd, Teebaumöl oder Aloe Vera. Achten Sie unbedingt darauf, ob das von Ihnen gewählte Produkt nach Packungsanweisung auch beim Pferd und auch auf Wunden aufgetragen werden darf. Fragen Sie im Zweifelsfall Ihren Tierarzt.

Achten Sie immer auf die in der Packungsbeilage angegebene Wartezeit. Manche Salbeninhaltsstoffe werden im Körper so langsam abgebaut, dass Reste von ihnen lange nachweisbar sind. So kann ein Pferd 14 Tage nach Anwendung einer Salbe noch gedopt sein. Ist eine Wartezeit, egal wie kurz, für ein Medikament angegeben, fragen Sie Ihren Tierarzt nach einem eventuellen Dopingproblem, bevor Sie auf ein Turnier gehen.

Tipps und Tricks zur Maukebehandlung

Im Folgenden will ich noch einige Dinge vorstellen, die zur Maukebehandlung eingesetzt und empfohlen werden. Es handelt sich um tierärztliche Empfehlungen, Heilpraktikerberichte, Reitertipps und Werbeaussagen. Nicht alle diese Behandlungen habe ich selber ausprobiert, aber sehen Sie selbst. Diese Liste erhebt keinerlei Anspruch auf Vollständigkeit. Es gibt mehrere hundert Salben, die aus Pharmaindustrie, Kosmetikindustrie und Pferdezubehörhandel für die Indikation Mauke Verwendung finden können. Die Liste ist auch ausdrücklich keine Werbung und will nicht die erwähnten

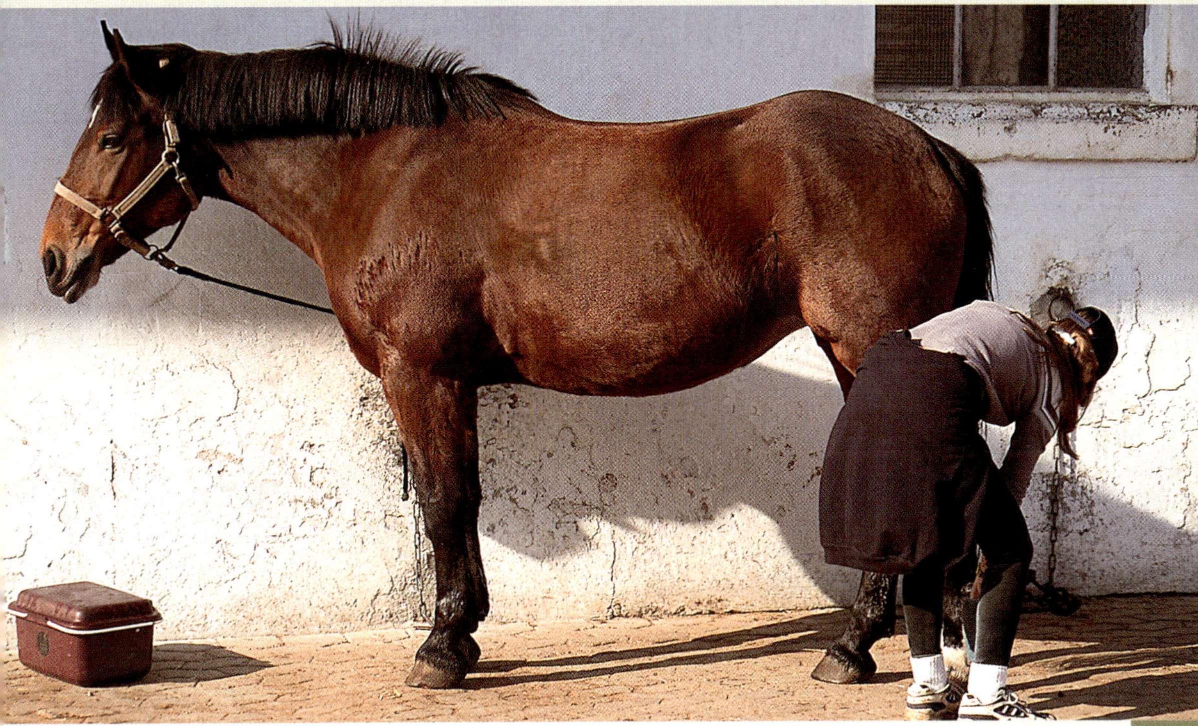

Der Pferdebesitzer ist in der täglichen Pflege des Pferdes für rechtzeitiges und wirkungsvolles Behandeln verantwortlich. Foto: Schmelzer

Liste verwendeter Mittel

Aktivlotion

Aktivlotion ist eine gut riechende und schnell einziehende Lotion nach einem dänischen Rezept. Sie beruhigt, reinigt und pflegt die Haut. Bei täglich einmaliger Anwendung sollen gute Resultate in der Maukebehandlung erzielt werden.

Aloe Vera

Aloe Vera ist ein Pflanzenextrakt aus der gleichnamigen Pflanze, der äußerlich seit vielen hundert Jahren in der Wundheilung eingesetzt wird. Zum Teil ist Aloe Vera auch Bestandteil anderer Salben.

Arnikasalbe

Arnika ist generell heilungsfördernd. Wichtig ist die Salbengrundlage. Bedenken Sie, dass die Wunde nicht luftdicht abgeschlossen werden soll. Arnikasalbe wird einmal am Tag dünn aufgetragen.

Babyöl

Babyöl kann lediglich zum Abdecken und zum Erhalt der Geschmeidigkeit verwendet werden, wenn die Heilung nahezu abgeschlossen ist.

Babypuder

Babypuder kann bei trockener Haltung zum Abtrocknen auf feuchte Mauke aufgestreut werden. Die Anwendung alle zwei Tage ist ausreichend.

Bärlauchpaste

Bärlauch ist eine bei uns schon früh im Jahr wachsende Pflanze, die ähnliche Inhaltsstoffe hat (und ähnlich riecht) wie Knoblauch. Die Paste muss man aus frischen Blättern selber machen. Vorsicht, wenn sie länger steht, wird die Paste scharf und kann reizen.

Bepanthen

Bepanthen ist eine Heilsalbe für Menschen, die gut hilft, aber streng genommen am Pferd nicht angewandt werden darf. Sie enthält Dexpanthenol.

Betaisodona und Vetsept

Betaisodona und Vetsept sind nicht brennende Polyvidonjodzubereitungen, die zur Desinfektion und zum Abtrocknen der Wunden geeignet sind. Diese Produkte gibt es in Salbenform und flüssig.

Calendulasalbe oder Ringelblumensalbe

Calendulasalbe ist dasselbe wie Ringelblumensalbe. Sie ist heilungsfördernd und kann täglich verwendet werden. Achten Sie auf die Salbengrundlage, um luftdichten Abschluss zu verhindern.

Dermamycin-Salbe

Dermamycin-Salbe ist ein apothekenpflichtiges Medikament, das im Anfangsstadium bei schmerzender Mauke sehr gut eingesetzt werden kann. Sie enthält ein Antibiotikum, ein Kortikoid, ein Lokalanästhetikum und Vitamin A.

Echinaceasalbe

Echinaceasalbe enthält Auszüge aus dem Sonnenhut. Diese Pflanze kann Krankheitskeime bekämpfen und die Abwehrkräfte der Haut stärken. Es gibt auch kombinierte Calendula-Echinacea-Salbe.

Entozon und Rivanol

Entozon und Rivanol sind in verschiedenen Zubereitungen auf dem Markt. Es gibt beides als Lösung und Salbe. Sie enthalten desinfizierende Akridinfarbstoffe. Die Anwendung ist beim Pferd zurzeit nicht erlaubt.

Euterinjektoren

Euterinjektoren sind Medikamente, die zur Anwendung im Euter der Kühe zugelassen sind. Sie enthalten Antibiotika und sind sehr gut hautverträglich. Ihr Tierarzt kann sie zur Anwendung am Pferd umwidmen.

Hydrocortiderm

Hydrocortiderm ist ein Medikament, das ähnlich der Dermamycin-Salbe zusammengesetzt ist. Es enthält ein Antibiotikum und ein Kortikoid und ist so zur anfänglichen Behandlung bei schmerzender Mauke gut geeignet. Es riecht gut und zieht schnell ein.

Kartoffelstärke

Kartoffelstärke kann zum Abtrocknen von feuchter Mauke in trockener Haltung täglich aufgestreut werden.

Lebertranzinksalbe

Lebertranzinksalbe enthält heilungsfördernde und abtrocknende Substanzen. Sie kann täglich dünn aufgetragen werden.

Behandeln Sie rechtzeitig, sonst entsteht, wie auf diesem Bild zu sehen, ein unheilbarer Zustand. Foto: H. Ende

Maukesalben

Es gibt viele Produkte, die Maukesalben genannt werden. Viele Tierärzte und Apotheker haben ein Spezialrezept, das dann „Maukesalbe nach Dr. Hilfreich" oder ähnlich heißt. Einige dieser Salben enthalten auch Antibiotika.

Mercuchrom

Mercuchrom ist eine Lösung aus der Humanmedizin, die Merbromin enthält. Sie eignet sich vor allem zur Desinfektion und zum Abtrocknen der Wunden.

Neemsalbe

Neemsalbe (zum Beispiel STRAX-Neem) ist eine Zubereitung eines relativ modernen Stoffes, dem Extrakt des Neembaums. Diese Salbe ist bei allen Ekzemen heilungsfördernd und desinfizierend.

Schwefelsalben

Schwefelsalben (zum Beispiel STRAX- Basic) können allein oder im Wechsel mit desinfizierenden Salben bei feuchter Mauke mit Erfolg angewandt werden.

Socatyl

Socatyl ist eine trocknende und desinfizierende Paste, die zur Wundbehandlung am Pferd zugelassen ist. Sie enthält Formosulfathiazol. Diese Paste bildet, einmal aufgetragen, eine schützende Schicht, unter der Sekret ablaufen kann. Die Hautatmung wird nicht behindert.

Sulfonamidlebertransalben
Sulfonamidlebertransalben enthalten neben dem heilungsfördernden Lebertran ein Sulfonamid zur Bekämpfung der Krankheitskeime. Diese Salbe soll täglich dick aufgetragen werden. Sie eignet sich auch für infizierte Wunden und zum Auftragen unter einem Verband.

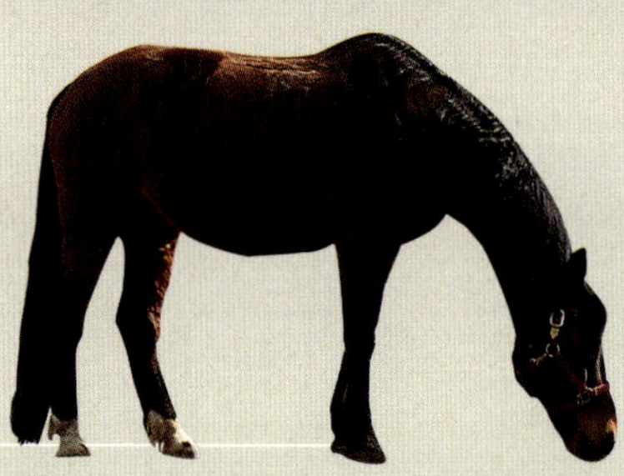

Literatur:

Becvar, **Wir heilen Pferde natürlich**, Österreichischer Agrarverlag

Budras, **Anatomie des Pferdes**, Schlütersche

Dietz und Huskamp, **Handbuch Pferdepraxis**, Enke

Ende, **Die Stallapotheke**, Müller Rüschlikon

Gerweck, **So bleibt Ihr Pferd gesund und vital**, Kosmos

Gerweck, **Der homöopathische Pferdedoktor**, Kosmos

Gimpel, **Land unter**, Buschtrommel, 05.01

Launer, Mill und Richter, **Krankheiten der Reitpferde**, Ulmer

Lindner, **Hautkrankheiten beim Pferd**, Basis- und Praxiswissen Band 10

Rüsbüldt, **Erste Hilfe für mein Pferd**, Cadmos

Rüsbüldt, **Sommerekzem**, Cadmos

Rüsbüldt, **Wenn Pferde lahmen**, Cadmos

Winzer, **Krankheiten des Pferdes**, Parey